Une toute petite graine:
L'histoire de Wangari Maathai

Par Nicola Rijsdijk

Illustré par Maya Marshak

Library For All Ltd.

Library For All est une organisation australienne à but non lucratif dont la mission est de rendre le savoir accessible à tous grâce à une solution innovante de bibliothèque numérique. Visitez-nous sur libraryforall.org

Une toute petite graine: L'histoire de Wangari Maathai

Cette édition a été publiée en 2022

Publié par Library For All Ltd
Email: info@libraryforall.org
URL: libraryforall.org

Library For All tient à remercier tous ceux qui ont rendu possibles les éditions précédentes de ce livre.

www.africanstorybook.org

Illustrations originales par Maya Marshak

Une toute petite graine: L'histoire de Wangari Maathai
Rijsdijk, Nicola
ISBN: 978-1-922849-65-6
SKU02839

Une toute petite graine:

L'histoire de Wangari Maathai

Dans un village situé sur les flancs du Mont Kenya en Afrique de l'Est, une petite fille travaillait dans les champs avec sa mère. Son nom était Wangari.

Wangari aimait beaucoup être dehors. Dans le potager de sa famille, elle faisait des trous dans le sol avec sa machette. Elle enfouissait des petites graines dans la terre chaude.

Son moment préférée de la journée était juste après le coucher du soleil. Quand il faisait trop nuit pour voir les plantes, Wangari savait qu'il était l'heure de rentrer à la maison. Pour rentrer, elle devait suivre des sentiers étroits à travers champs et traverser des rivières.

Wangari était une enfant intelligente et avait hâte d'aller à l'école. Mais sa mère et son père voulaient qu'elle reste à la maison pour les aider. Quand elle eut sept ans, son grand frère persuada ses parents de la laisser aller à l'école.

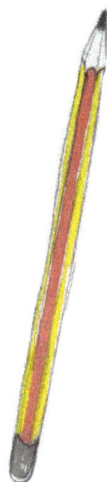

Elle aimait apprendre ! Wangari apprenait de plus en plus avec chaque livre qu'elle lisait. Elle travaillait si bien à l'école qu'elle fut invitée à étudier aux Etats Unis d'Amérique. Wangari était enthousiaste ! Elle voulait en savoir plus sur le monde.

A l'université américaine, Wangari apprit beaucoup de choses nouvelles. Elle étudia les plantes et la manière dont elles grandissent. Et elle se rappela comment elle avait grandi: en jouant avec ses frères à l'ombre des arbres dans les magnifiques forêts du Kenya.

Plus elle apprenait, plus elle réalisait qu'elle aimait les habitants du Kenya. Elle voulait qu'ils soient heureux et libres. Plus elle apprenait, plus elle se rappelait son foyer africain.

Quand elle eut terminée ses études, elle retourna au Kenya. Mais son pays avait changé. De larges fermes s'étendaient à travers la campagne. Les femmes n'avaient plus de bois pour cuire les aliments. Les gens étaient pauvres et les enfants avaient toujours faim.

Wangari savait ce qu'il fallait faire. Elle apprit aux femmes comment planter des arbres en utilisant des graines. Les femmes vendirent les arbres et utilisèrent l'argent pour faire vivre leurs familles. Les femmes étaient très heureuses. Wangari les avait aidées à se sentir puissantes et fortes.

Avec le temps, les nouveaux arbres se transformèrent en forêts, et les rivières recommencèrent à couler.
Le message de Wangari traversa toute l'Afrique. Aujourd'hui des millions d'arbres ont grandi grâce aux graines de Wangari.

Wangari avait travaillée dur. Partout dans le monde, les gens s'en aperçurent et lui donnèrent un prix renommé. Il s'appelle le Prix Nobel de la Paix et elle fut la première femme africaine à le recevoir.

Wangari mourut en 2011
mais nous pensons à elle
à chaque fois que nous
voyons un bel arbre.

Vous pouvez utiliser ces questions pour parler de ce livre avec votre famille, vos amis et vos professeurs.

Qu'avez-vous appris de ce livre ?

Décrivez ce livre en un mot. Drôle ? Effrayant ? Coloré ? Intéressant ?

Qu'avez-vous ressenti à la fin de la lecture de ce livre ?

Quelle a été votre partie préférée de ce livre ?

Téléchargez notre application de lecture
getlibraryforall.org

A propos des contributeurs

Library For All travaille avec des auteurs et des illustrateurs du monde entier pour développer des histoires diverses, pertinentes et de grande qualité pour les jeunes lecteurs.

Visitez libraryforall.org pour obtenir les dernières informations sur les ateliers d'écriture, les directives de soumission et d'autres opportunités créatives.

Avez-vous apprécié ce livre ?

Nous avons des centaines d'autres histoires originales sélectionnées par des experts parmi lesquelles vous pouvez choisir.

Nous travaillons en partenariat avec des auteurs, des éducateurs, des conseillers culturels, des gouvernements et des ONG pour apporter le plaisir de la lecture aux enfants du monde entier.

Le saviez-vous ?

Nous créons un impact mondial dans ces domaines en adhérant aux Objectifs de développement durable des Nations Unies.

www.ingramcontent.com/pod-product-compliance
Lightning Source LLC
Chambersburg PA
CBHW040314050426
42452CB00018B/2844